AF279083

LES
MONUMENTS
ET LA
LIBRE-PENSÉE

PAR

FRANÇOIS ROUSSEL

DE SAINT-JEAN DE VÉDAS

MONTPELLIER
IMPRIMERIE FIRMIN ET CABIROU
RUE DES CASERNES, 7, PRÈS LA GRAND'POSTE

MDCCCLXXVI

AVANT-PROPOS

Si l'esprit de vertige est répandu dans la société de nos jours sous le nom de *libre-pensée,* c'est qu'on ne réfléchit pas sur ce qui frappe nos yeux : les restes d'un édifice d'où l'encens de la prière s'élevait sans cesse vers les cieux ; l'inscription tumulaire des siècles passés, qui est souvent un avertissement ; le millésime d'une croix noircie par le temps, sont autant de voix éloquentes qui attestent la foi de nos pères, et nous enseignent le chemin que nous devons suivre.

Si, à côté de ces considérations, si simples en elles-mêmes, nous jetons uu coup d'œil rapide sur les divers peuples qui ont foulé le sol que nous foulons nous-mêmes, nous verrons qu'après s'être agités, et avoir éprouvé les vicissitudes inhérentes aux sociétés humaines, ils sont tombés, pour ainsi dire, dans le néant d'où ils étaient sortis.

Le pays que nous habitons, situé sur le littoral méditerranéen, était occupé avant l'ère chrétienne par les Volces Tectosages, qui étaient enveloppés dans le grand pays qu'on appelait Gaule. Les Romains ne tardèrent pas à mettre un pied dans ces parages ; mais l'an 53 avant J.-C., Jules-César, général romain, soumit, après une foule de combats sanglants, tout ce vaste pays.

Les traces de la domination romaine sont nombreuses : la Voie domitienne, qui traversait nos contrées ; les traces d'un camp romain à Saint-Thibéry ; des colonnes miliaires, des statuettes, des tombeaux, etc., etc., se trouvent en grand nombre sur les bords du Lez, où s'élevait jadis Substantion, ville qui existait avant Montpellier.

Les Romains, à leur tour, ne tardèrent pas à être subjugués, car une force périt par une autre force. Les Barbares vinrent du nord de l'Europe, franchirent le Rhin, et marchèrent à pas de géant dans notre pays, ne laissant derrière eux que ruines et dévastations ; ensuite, se détruisant entre eux, ils cédaient le terrain aux plus belliqueux. Vers le commencement du Vme siècle, les Visigoths régissaient nos contrées ; mais ils en furent bientôt chassés par les Francs, qui substituèrent leur domination à toutes celles dont nous avons déjà parlé.

Nous ne parlerons pas des Huns, conduits par cet homme terrible, qui se vantait que l'herbe ne repoussait jamais où son cheval avait passé ; ni des Sarrasins. Ces peuples n'eurent dans notre patrie qu'une existence éphémère, et tombèrent tour à tour comme toutes les puissances humaines.

Que d'institutions à côté de ces grands peuples ont eu le même sort ! Dans le siècle de fer, elles avaient fait toutes naufrage, et la religion, implantée par les saint Irénée, les saint Denys les saint Pothin, destinée à assister à tous les convois, surnageait au milieu de cet ordre de choses, selon la promesse de son divin Auteur.

Cette perpétuité de la Religion chrétienne, victorieuse de tant d'efforts impuissants pour la détruire, est, selon saint Augustin, le plus grand de tous les miracles (1).

(1) Dieu permet quelquefois que les persécutions fassent disparaître la Religion d'une contrée, mais non de toute la terre. La Religion est comme le soleil : quand il cesse d'éclairer une partie du globe, il commence à en éclairer une autre.

LES MONUMENTS

ET LA

LIBRE-PENSÉE

SOMMAIRE

I. Non loin de Fabrègues est le pic de Saint-Bauzille, qui, bien que d'une modeste altitude, dédommage le touriste qui essaie de le gravir. Arrivé à son sommet, essouflé et suant, il s'abrite dans les restes de l'antique chapelle, qu'on nomme vulgairement l'*Ermitage*. La nef du petit édifice a cédé au poids des années ou au marteau démolisseur ; il ne reste intact que le sanctuaire, la sacristie et un hypogée d'une solidité remarquable.

Pour peu que l'ascensionnel soit observateur, et qu'il examine l'hémicycle du chœur, il en conclut que son origine doit coïncider avec l'église de Villeneuve-lez-Maguelone, car la pierre froide est taillée à peu près dans la même forme et la même sévérité. Ajoutons que l'érection de beaucoup de monuments semblables datent de la fin du Xme siècle. Une fausse interprétation de l'Apocalypse , qui annonçait la fin du monde vers l'an 1000, avait terrifié les populations ; et, la crainte provocant la piété, grand nombre de fidèles se retirèrent dans des lieux saints pour y attendre, en paix et avec confiance, la venue du souverain Juge. Quoi qu'il en soit de ces conjectures, que nous donnons comme hypothétiques , il n'en est pas moins vrai que l'Ermitage de Saint-Bauzille est un témoin élevé entre le ciel et la terre, respecté par les injures du temps, pour attester la foi de nos pères.

Mais pour peu que l'on veuille jouir de la belle perspective qu'offre le point culminant, combien d'autres monuments antiques et religieux viennent témoigner à leur tour de la croyance et de la piétié de tous les siècles ! Nous avons hâte de nous en occuper, et pour cela nous éviterons de parler du tableau magnifique qui se déroule, dans toute sa splendeur, aux regards de l'admirateur ; de ces plaines riches et fertiles, ornées de mille habitations qui semblent saluer la cité de saint Roch, avec la flèche élancée de la moderne Sainte-Anne ; de cette mer enchanteresse, où viennent se mirer les bocages avec leurs tertres verdoyants, ainsi que les collines en amphithéâtre, sentinelles avancées des Cévennes. Sans doute, toutes ces merveilles parlent du Créateur et font, en leur manière, retentir son saint nom ; mais les monuments que des mains pieuses ont élevés au culte divin en parlent bien plus haut et ciment notre foi, en la faisant briller dans tous les temps et dans tous les lieux.

II. Le premier qui se présente à la vue est le château seigneurial de Saint-Jean-de-Védas ; il s'élève au milieu du village comme le géant des forêts ; sa forme colossale et son style quelque peu élégant accusent le moyen-âge, et semblent avoir voulu se prémunir contre le croissant de l'islamisme.

On ne peut pas donner la même époque au vaste bâtiment. La partie du nord a été construite bien avant celle du sud ; dans celle-ci, c'est le composite qui domine ; dans celle-là, c'est le corinthien ; ce qui porte à l'attribuer à cette confrérie de maçons constructeurs qui, au VIIIme siècle, voyagèrent en Europe, construisaient ces basiliques, ces cathédrales du moyen-âge, dont l'architecture élégante constitue le genre gothique, société qui, en admettant dans son sein des personnes étrangères à l'architecture, perdit son caractère primitif, ne conserva que ses symboles dépouillés de toutes les vertus.

En fouillant dans l'histoire du Languedoc, nous y trouvons que la seigneurie de Montpellier, en 990, appartenait à l'illustre famille des Guillems ; mais, par suite de certaines alliances, elle passa au roi d'Aragon, et ce ne fut que sous le règne de Philippe de Valois qu'elle fut vendue à la France. Le contrat de vente fut signé en 1349. Pendant ce laps de temps, nous voyons un de nos rois qui, à cause de son courage et de son intrépidité dans les batailles, mérita le glorieux surnom de *Lion* : c'est Louis VIII, fils de Philippe-Auguste et père de saint Louis. Or, la partie du château qui est au sud, est décorée à son couronnement par cinq têtes de lion couronnées. Ces emblèmes, en face des Pyrénées, ne seraient-ils pas significatifs? et ne semblerait-il pas que les châtelains auraient voulu dire parlà: « Nous sommes les vassaux du roi d'Aragon; mais notre cœur est toujours attaché au roi de France? »

Sans rien préciser, et en admettant cette vraisemblance, la partie sud du château serait du XIIIme siècle.

Que de générations ce château n'a-t-il pas abritées ! Elles sont tombées, mais tombées en chrétiennes. Si elles renaissaient de leurs cendres elles nous diraient : Notre maison était ici, et celle de Dieu était là; bien différentes de la libre-pensée, nous naissions, nous vivions, et nous mourions chrétiennes. En effet, l'église est presque attenante à l'antique château, elle a été transformée, mais nos octogénaires se rappellent la forme primitive et le champ du repos qui l'entourait; et ici qu'on nous permette une digression :

Nos pères plaçaient sans doute le cimetière près l'église, afin que la vue des tombeaux fît souvenir les vivants de prier pour les morts ; cette coutume, si éminemment religieuse et morale, ne subsiste plus dans les villes et même dans beaucoup de villages. On a pensé qu'il était prudent d'éloigner les cimetières des lieux habités, et on les a relégués dans des endroits solitaires. Y a-t-il pour cela moins de maladies et moins de mortalités ? Il est permis d'en douter. Mais s'il n'est pas démontré que les vivants aient gagné quelque chose à ce changement, il est certain que les morts y ont beaucoup perdu.

III. Plus loin, on voit Montpellier, cette ville dont la fondation est attribuée aux fugitifs de Maguelone. Là tout parle de la foi de nos pères ; mais, hélas ! ce langage serait plus éloquent sans le vandalisme de nos frères égarés. Qui ignore le saccagement de la cathédrale Saint-Pierre, que le pape Nicolas V, deux cents ans auparavant, avait fondée et comblée de richesses ?

Dans le Vme siècle Genséric, roi des Vandales, parut sous les murs de Rome. Ce prince sanguinaire avait résolu la destruction de cette grande ville ; mais saint Léon osa se présenter devant lui et lui parla avec tant de dignité et de sagesse qu'il parvint à adoucir sa férocité. Le roi barbare n'employa ni le fer ni le feu, et respecta plusieurs églises. Que ne puissions-nous faire le même éloge au chef des réformés (1) !

Les enfants d'Israël, assis sur les bords de l'Euphrate, suspendaient leurs lyres aux saules pleureurs, et versaient des larmes au souvenir

(1) Vers l'an 1577, les protestants détruisirent toute les églises de Montpellier.   (MALTE-BRUN).

de Jérusalem ; de même les catholiques de Montpellier, sans prêtres et sans autels, gémissaient sous l'oppression de la tyrannie. Dieu le permettait ainsi pour exercer leur patience, et leur faire acquérir de nouveaux mérites.

Mais Louis XIII en personne vint assiéger la ville, et, après deux mois de résistance, elle lui ouvrit ses portes. Qui pourrait décrire la douleur du Monarque en entrant dans cette cité, qui jadis avait été si florissante? La veuve et l'orphelin étaient délaissés ; les sanctuaires n'étaient plus qu'un monceau de ruines, et le sang le plus pur avait été versé. Notre-Dame-des-Tables, le palladium de la ville, n'avait pas été épargné. Ce temple béni, qui naguère retentissait de chants pieux, était devenu un objet de lamentations.

L'Ecriture-Sainte rapporte que Nabuchodonosor, instrument des vengeances célestes, marcha contre Jérusalem, livra cette ville aux flammes, sans épargner le temple, qui était une des sept Merveilles du monde, et traîna les habitants en captivité. Soixante-dix ans après, les Juifs revenaient dans leur ancienne patrie, sous la conduite de Zorobabel. Leur premier soin fut de reconstruire le temple ; mais les vieillards, en voyant les préparatifs, versaient des larmes au souvenir du premier. On pourrait ici établir une certaine analogie avec l'Eglise patronale (1)

(1) L'église patronale de Montpellier est l'ancienne église du collége des Jésuites.

de Montpellier. Elle n'a pas sans doute cette majesté qu'avait jadis la première Notre-Dame-des-Tables ; mais elle n'en possède pas moins la statue miraculeuse de la Vierge mère avec la légende :

Virgo Mater, natum ora,
Ut not juvet omni Horà !

Oui, Vierge bénie, daignez nous aider ! et nos passions se tairont, nos yeux se dessilleront, et la libre-pensée se dissipera, comme les ténèbres de la nuit se dissipent aux premières lueurs du soleil.

IV. Revenons au pic de Saint-Bauzille, et promenons nos regards vers l'Orient. Nous voyons le château de la Lanze avec ses tourelles et ses créneaux qui nous rappellent les temps chevaleresques. N'a-t-il pas nourri dans ses murs plus d'un brave qui, dans ces expéditions guerrières qu'on appelle *croisades*, marchèrent sous l'étendart de la croix pour la défense du Christianisme et de l'humanité?

En face de l'Océan des eaux, ceux qui l'habitaient durent voir saint Louis fendant les ondes pour aller arborer la croix au milieu des infidèles : pourquoi n'auraient-ils pas marché sur ses traces ?...

V. En nous approchant des rivages méditerranéens, nous apercevons une masse grisàtre qui, au premier aspect, n'offre rien d'intéressant ; mais si on l'étudie de près, on est pénétré d'un respect religieux, devant l'antique berceau de notre diocèse. Vous avez nommé Maguelone, que le vieillard a vue abandonnée. Naguère ses voûtes gémissantes voyaient errer les serpents dans son enceinte, ou dans les tombes brisées de ses pontifes, et sur le seuil de ce temple vénéré paissaient d'immondes troupeaux.

Mille remercîments soient rendus à la généreuse Famille à laquelle Dieu a donné la pensée d'une si pieuse restauration, et à notre bien-aimé Pontife, qui a daigné bénir et réconcilier ce temple trop longtemps délaissé.

Mais éveillons les siècles endormis, et nous apprendrons l'origine de l'antique monument.

La légende raconte qu'après la mort du Christ, Madeleine la pécheresse, fuyant la persécution avec Simon le lépreux, Marthe et Lazare d'Arimathie, s'embarqua sur un esquif sans voiles ni rames. Le souffle de Dieu les poussa vers l'embouchure du Rhône, puis vers l'île qui prit dès-lors le nom *Magdalona* (Madeleine), et dont Simon fut le premier évêque.

L'histoire de France nous apprend que les Sarrasins, sectateurs de la religion mahométane, saccagèrent la ville de Maguelone plus d'une fois; et que, maîtres des provinces méridionales de la France, ces infidèles, sous la conduite d'Abdérame, un de leurs plus célèbres généraux; voulaient pousser leurs conquêtes au-delà de la Loire. Ils avaient déjà franchi ce fleuve, quand Charles-Martel les arrêta entre Tours et Poitiers. La bataille fut si sanglante et si meurtrière que, d'après les historiens, les débris de l'armée musulmane furent trop heureux de pouvoir regagner le pied des Pyrénées, où ils se cantonnèrent. Cet événement est de l'an 732.

Ce peuple, né avec l'épée, ne resta pas long-temps dans l'inaction ; il recommença bientôt ses courses dévastatrices, ce qui obligea Charles-Martel à employer un procédé assez barbare. Voyant que la ville de Maguelone servait de retraite aux Sarrasins, il la livra à une subversion complète. Le siége de l'évèché y resta pourtant jusque sous François Ier.

Maguelone ne resta pas néanmoins un témoin ignoré sur la plage déserte ; plusieurs rois la visitèrent ; les chevaliers la saluaient à leur départ pour les saints-lieux, et quand leurs bras affaiblis ne pouvaient plus porter les armes, ils demandaient la tranquille hospitalité du tombeau à l'antique cathédrale. Ce fut un lieu de sépulture préféré, non-seulement pour les évèques et les prêtres, mais aussi pour les simples fidèles.

On dit avec raison que la voix qui s'éteint est la voix de la vérité ; eh bien ! ces générations qui se sont écoulées, comme les eaux d'un fleuve rapide ont, hélas ! en disparaissant, confessé leur foi. Elles ont demandé le repos à une terre bénie et se sont endormies à l'ombre de la Croix.

VI. Que les libres-penseurs de nos jours viennent nier nos croyances, et jeter un démenti à la face de tous les siècles, nous leur dirons : « Où sont vos pères ? » Sans doute qu'ils nous nommeront Jean-Jacques Rousseau et Voltaire; mais si la doctrine de Jean-Jacques Rousseau et de Voltaire assure le bonheur du temps et de l'éternité, heureux sont leurs adeptes ! Pour nous en convaincre examinons l'arbre, et nous jugerons du fruit. D'après les meilleurs auteurs, le premier sut fasciner son siècle par des théories brillantes, par des paradoxes aussi funestes que séduisants; et, après avoir osé défier le souverain Juge de trouver un mortel meilleur que lui, il termina sa vie par le suicide. Vit-on jamais un chrétien, fidèle à ses devoirs, et placé par la Providence au milieu, non des plaisirs, mais des adversités, se lasser ainsi de vivre et finir par le désespoir ?

Le second ennemi frénétique du christianisme se flattait de parvenir à l'écraser. « Dans vingt ans, écrivait-il en 1753, Dieu aura bon jeu. » Vingt ans après, jour par jour, il fut frappé de la maladie qui l'enleva, et mourut dans les convulsions du désespoir, en s'écriant : « Je meurs abandonné de Dieu et des hommes. »

Nous voyons par cet aperçu que de tels maîtres ne peuvent pas assurer à leurs disciples les courtes joies même de la vie présente, et nous pourrions ajouter qu'ils les enseignent à vivre sans but et à mourir sans consolation et sans espérance.

VII. A peine dix ans s'étaient écoulés depuis

la mort du trop fameux Voltaire, que les cloches
de la Ville éternelle saluaient le dernier soupir
d'un enfant de la France : le vénérable Joseph
Fabre. Son âme innocente et pure quittait la
terre pour s'envoler au Ciel ; et mille voix répé-
taient : *Pertransit benefaciendo*. Mais les libres-
penseurs taxent de petites gens ces âmes d'élite
dont les vertus, comme un doux parfum, embau-
ment la terre. Selon eux, ce n'est pas le monde
savant qui incline son esprit et son cœur devant la sagesse incrée.

Cette assertion est elle exacte ? Les faits prouvent
le contraire ; car, on peut affirmer que depuis dix-
huit cents ans, parmi les hommes éminents de
chaque siècle, il n'y a pas un incrédule sur vingt.

Sans parler de ces admirables docteurs de l'E-
glise, qu'on appelle les Pères, tels que : saint
Athanase, saint Ambroise, saint Grégoire-le-
Grand, saint Jérôme, saint Augustin, saint Ber-
nard, saint Thomas d'Aquin, le docteur angéli-
que, combien de noms magnifiques la Religion
ne compte-t-elle pas sur la liste de ses enfants ?

La philosophie et la jurisprudence nous don-
nent : les Copernic, les Descartes, les Pascal,
les d'Aguesseau, les Lamoignon, les Matthieu de
Molé, etc., etc. ;

La chaire : les Bossuet, les Fénelon, les Bour-
daloue, etc., etc. ;

La littérature : les Racine, les Boileau, les
Chateaubriand, etc., etc. ;

La gloire militaire : les Charlemagne, les Godefroy de Bouillon, les Bayard, etc., etc.

VIII. Chacun sait les sentiments de Napoléon Ier touchant le Christianisme ; le héros des temps modernes, dans son profond génie, jugea la foi catholique véritable et sainte. Ecoutons-le parler lui-même sur le rocher de Sainte-Hélène : «Je suis heureux d'avoir rempli mes devoirs, dit-il au général Montholon. Je vous souhaite, général, d'avoir à votre mort le même bonheur.... Sur le trône, je n'ai point pratiqué la Religion, parce que la puissance étourdit les hommes. Mais j'ai toujours eu la foi ; le son des cloches me fait plaisir, et la vue d'un prêtre m'émeut. Je voulais faire un mystère de tout ceci ; mais c'est de la faiblesse... Je veux rendre gloire à Dieu ! ...» Puis il ordonna lui-même qu'on dressât un autel dans la chambre voisine pour l'exposition du St-Sacrement et les prières des Quarante-heures.

Ainsi mourut Napoléon Ier, en chrétien.

A côté de tous ces grands hommes on en voit quelques-uns qui ont méconnu le Christianisme et qui n'ont pas voulu se réfugier dans ses bras ; les uns, absorbés par la science profane qui enfle l'esprit et dessèche le cœur, ont dédaigné la vraie lumière et sont tombés dans l'aveuglement. D'autres, esclaves de passions mauvaises, passions avec lesquelles ils firent trève, et qui, comme des serpents réchauffés, leur donnèrent la mort....

IX. On rapporte que Luther, par une de ces

belles nuits d'été où les étoiles scintillantes font
de la voûte céleste un vaste pavillon de cristal,
se promenant avec la victime de sa séduction,
fut interpellé par celle-ci : « Vois, Luther, lui-dit-
elle, comme le ciel est beau, comme il est magnifique ! » Luther garda un morne silence. Mais,
pressé par sa compagne, un soupir s'échappa de
son cœur et s'écria : « Le ciel est bien beau, mais
il ne sera pas pour nous ! . . . . »

Plus malheureuse que coupable, l'interlocu-
trice, attristée, lui demande pourquoi. « Est-ce
que nous ne serions pas dans le bon chemin?
Hâtons-nous de nous y remettre. » L'hérésiarque
lui répondit d'une voix convulsive : « Quand une
voiture est bien embourbée, il est bien difficile
de la désembourber. » Un ancien a dit :·

> Opposez-vous au mal avant qu'il s'enracine ;
> S'il séjourne, il rend vain l'art de la médecine.

Oui, les passions et les mauvaises doctrines
qui, dans le principe, seraient faciles à vaincre,
deviennent des chaînes de fer si on les flatte;
mais avec la grâce de Dieu, qui ne manque
jamais, ces chaînes de fer peuvent se briser.

X. Nous lisons dans le livre IV des *Rois*, que
le pieux Ézéchias, se voyant condamné à périr,
lui et son peuple par la puissante armée de Sennachérib déchira ses vêtements en signe d'afflic-
tion, adressa une touchante prière à l'Eternel et
envoya quelques-uns de ses officiers en grand
deuil vers le prophète Isaïe. Le Prophète le rassura

et l'ange de l'Eternel vint dans la nuit et tua cent quatre-vingt-cinq mille hommes du camp des Assyriens. Sennachérib s'enfuit dans son pays, et comme il était prosterné devant son Dieu à Ninive, il fut poignardé par ses deux fils.

Mais, dira-t-on, quelle analogie? La libre-pensée ne veut faire périr personne ; elle est douce bénigne, gracieuse, etc. Néron était tout cela ; il embrassait même, mais c'était pour étouffer !

Aux partisans de la libre-pensée qui font résonner si haut les grands mots de douceur et d'humanité, demandons-leur quelle a été la cause de ces révolutions périodiques qui ont ensanglanté notre Patrie : les innocents condamnés, les justes massacrés et les oints du Seigneur immolés ?

Ne sont-ce pas les doctrines pernicieuses du dix-huitième siècle ?

Ces doctrines, qui étaient celles de Jean-Jacques Rousseau et de Voltaire, arrachaient Dieu des âmes, et enseignaient à démolir le trône et l'autel. Hélas ! elles ne réussirent que trop, et on se le rappelle assez.

Imitons donc le pieux roi Ezéchias, et demandons au Seigneur, non qu'un ange vienne exterminer les libres-penseurs, mais qu'il vienne dégager leurs âmes des doctrines impures du siècle présent, afin que leurs pensées s'élèvent jusqu'à Dieu pour l'aimer à tout jamais.